BEI GRIN MACHT SICH IHR
WISSEN BEZAHLT

AF130499

- Wir veröffentlichen Ihre Hausarbeit,
  Bachelor- und Masterarbeit

- Ihr eigenes eBook und Buch -
  weltweit in allen wichtigen Shops

- Verdienen Sie an jedem Verkauf

Jetzt bei www.GRIN.com hochladen
und kostenlos publizieren

Business Intelligence. Mögliche Auswirkungen auf das Geschäftsmodell der Tesla, Inc.

Magdalena Helm

Bibliografische Information der Deutschen Nationalbibliothek:

Die Deutsche Nationalbibliothek verzeichnet diese Publikation in der Deutschen Nationalbibliografie; detaillierte bibliografische Daten sind im Internet über http://dnb.d-nb.de abrufbar.

ISBN: 9783346475886
Dieses Buch ist auch als E-Book erhältlich.

Druck und Bindung: Books on Demand GmbH, Norderstedt Germany
Gedruckt auf säurefreiem Papier aus verantwortungsvollen Quellen

Das vorliegende Werk wurde sorgfältig erarbeitet. Dennoch übernehmen Autoren und Verlag für die Richtigkeit von Angaben, Hinweisen, Links und Ratschlägen sowie eventuelle Druckfehler keine Haftung.

Das Buch bei GRIN: https://www.grin.com/document/1063988

Hausarbeit

Die Wirkung von Business Intelligence auf das Geschäftsmodell der Tesla, Inc.

Hochgeladen am: 21.05.2021

SRH FernHochschule – The Mobile University

Modul: Business Intelligence & Analytics (MBIANA)

Studiengang: Management (M.Sc.)

von

Magdalena Helm

Inhalt

Abkürzungsverzeichnis

Im Alltag geläufige Abkürzungen wie „z.B.", „ggf.", „etc." oder „usw." sind ohne Erläuterung anwendbar, ebenso folgende auf die Literatur bezogene Abkürzungen:

BI	=	Business Intelligence
BMC	=	Business Model Canvas
CEO	=	Chief Executive Officer
CRM	=	Customer-Relationship-Management
DV	=	Datenverarbeitung
EDV	=	Elektronische Datenverarbeitung
ERP	=	Enterprise-Resource-Planning
FASMI	=	Fast Analysis of Shared Multidimensional Information
Inc.	=	Incorporated
IT	=	Informationstechnologie
KPI	=	Key Performance Indicator
MES	=	Manufacturing Execution System
Mio.	=	Millionen
OEM	=	Originial Equipment Manufacturer
OLAP	=	Online Analytical Processing
R&D	=	Research & Development (Forschung & Entwicklung)
USD	=	US Dollar

Abbildungsverzeichnis

Tabellenverzeichnis

Anlagenverzeichnis

1. Einleitung

1.1 Problemstellung

Digitalisierung, Big Data, Künstliche Intelligenz – all diese Begriffe sind in der heutigen Zeit nicht mehr wegzudenken. Das Management muss immer schneller auf datenbasierte Informationen zurückgreifen können, um frühzeitig Entscheidungen treffen zu können. Dafür müssen die Daten zunächst verarbeitet, aggregiert und analysiert werden, damit sie einen Mehrwert schaffen. Hierfür bietet sich der Einsatz von Business Intelligence – kurz BI – an, womit große Datenmengen in kurzer Zeit verarbeitet werden können und tagesaktuelle Informationen verfügbar gemacht werden. Unternehmen können dadurch Wettbewerbsvorteile erlangen, kurzfristig agieren und datenbasiert strategische Entscheidungen treffen. Um darüber hinaus in einer dynamischen Welt langfristig bestehen zu können, sind Unternehmen gefordert, ihr Geschäftsmodell an den Wandel anzupassen. Der Einsatz verschiedener Werkzeuge und Konzepte stellt sich in diesem Zusammenhang als vorteilhaft heraus, um Verbesserungspotenziale zu erkennen und somit das Geschäftsmodell anzupassen und Wettbewerbsvorteile zu erlangen.

1.2 Zielsetzung

Das Ziel der vorliegenden Ausarbeitung liegt in der Untersuchung des Geschäftsmodells der Tesla, Inc. anhand der Business Model Canvas und prüft mögliche Auswirkungen auf das dargestellte Geschäftsmodell durch den Einsatz verschiedener BI-Konzepte. Dafür werden Verbesserungspotenziale einzelner Geschäftsbausteine eruiert. Um die Analyse der Auswirkungen von BI auf das Geschäftsmodell zu erleichtern, werden fünf Hypothesen aufgestellt. Dafür wird insbesondere auf die identifizierten Verbesserungspotenziale eingegangen sowie Bezug auf die vorgestellten BI-Konzepte genommen.

1.3 Aufbau der Arbeit

Nachdem die Problemstellung, die Zielsetzung und der Aufbau dieser Arbeit im ersten Kapitel definiert wurden, folgen die theoretischen Grundlagen in Kapitel zwei. Für das weitere Verständnis werden die Begriffe „Geschäftsmodell" und „Business Model Canvas" definiert. Anschließend folgt die Definition von „Business Intelligence" sowie die Vorstellung verschiedener BI-Konzepte, welche im Anschluss Anwendung finden. Kapitel drei beginnt mit der Vorstellung des zu analysierenden Unternehmens, die Tesla, Inc.. Weiterhin wird das Geschäftsmodell der Tesla, Inc. unter Anwendung der Business Model Canvas nach Osterwalder und Pigneur beschrieben. Auf dieser Basis und anhand

relevanter wissenschaftlicher Literatur werden fünf Hypothesen aufgestellt, welche Auswirkungen der Einsatz von Business Intelligence auf das Geschäftsmodell haben kann.
Die Ergebnisse werden in Kapitel fünf diskutiert und kritisch reflektiert. Die Arbeit schließt
mit dem sechsten Kapitel und dem darin enthaltenen Fazit ab.

2. Theoretische Grundlagen

2.1 Definition Geschäftsmodell

Mit „Geschäftsmodell" ist oftmals lediglich die Logik des Unternehmens gemeint und
nicht die tatsächliche Bedeutung des Begriffes. Sowohl in der Theorie als auch in der
Praxis wurden zahlreiche Definitionen implementiert, jedoch gibt es keine einheitliche
und allgemein gültige Begriffserläuterung darüber, was ein Geschäftsmodell im eigentlichen Sinne ist.

In den 1990er-Jahren beschäftigten sich Unternehmen intensiver mit dem Thema Geschäftsmodell, was sich insbesondere auf eine Vielzahl von IT-Gründungen zurückfüh-
ren lässt.[1] Während sich der Begriff des Geschäftsmodells zunächst nur in der Wirt-
schaftsinformatik als visualisierte Gestaltung der Informationssysteme etablierte, fand
der Begriff später Einzug in die Organisationstheorie und in das strategische Management. In diesem Zusammenhang erfolgt eine Implementierung der Strategie in das Geschäftsmodell, welches alle Aktivitäten beinhaltet, die für die Positionierung im Wettbewerb und der Wertschöpfung notwendig sind.[2] In einer weiteren Betrachtung kann ein
Geschäftsmodell auch die realisierte Kernlogik eines Unternehmens repräsentieren.[3]

Es lässt sich feststellen, dass unter der Vielzahl der in der Literatur vorhandenen Definitionen mehrere Charakteristika zu identifizieren sind, die sich überschneiden. Darunter
fällt insbesondere die Art und Weise, wie ein Unternehmen für Kunden und Partner einen
Nutzen schaffen kann und wie dieser Nutzen als Umsatz in das Unternehmen zurück-
fließt. Darüber hinaus spielen die Festigung von Kundenbeziehungen, die Differenzie-
rung gegenüber dem Wettbewerb und der Schaffung von Wettbewerbsvorteilen eine
große Rolle.[4] Nach Schallmo (2013) sollte ein Geschäftsmodell nachfolgende Elemente
und Dimensionen inkludieren:[5]

---

[1] Vgl. *Ahrend* (2016). S. 8
[2] Vgl. *Ahrend* (2016). S. 9
[3] Vgl. *Ahrend* (2016). S. 9
[4] Vgl. *Schallmo* (2013). S. 16
[5] Vgl. *Schallmo* (2013). S. 16

Dimension	Elemente
Kundendimension	Kundensegmente, Kundenkanäle, Kundenbeziehungen
Nutzendimension	Leistungen, Nutzen
Wertschöpfungsdimension	Ressourcen, Fähigkeiten, Prozesse
Partnerdimension	Partner, Partnerkanäle, Partnerbeziehungen
Finanzdimension	Umsätze, Kosten

Tabelle 1: Dimensionen und Elemente eines Geschäftsmodells (Eigene Darstellung)

Osterwalder und Pigneur (2011) definieren in ihrem 2010 veröffentlichtem Handbuch das Geschäftsmodell als „Grundprinzip, nach dem eine Organisation Werte schafft, vermittelt und erfasst."[6] Mit der „Business Model Canvas" (BMC) erstellen sie ein integratives Modell, welches Geschäftsmodelle in simpler Form beschreiben und beeinflussen kann, um daraus neue strategische Alternativen zu generieren.[7] Im nachfolgenden Kapitel soll das Konzept der Business Model Canvas detaillierter beschrieben werden.

2.2 Die Business Model Canvas nach Osterwalder und Pigneur

Die Business Model Canvas soll Unternehmen insbesondere bei der „Beschreibung, Visualisierung, Bewertung und Veränderung von Geschäftsmodellen"[8] unterstützen. Das Tool fungiert als Leitlinie für die Entwicklung der Geschäftsidee hin zu einem funktionierenden Geschäftsmodell.[9] Um ein Geschäftsmodell beschreiben zu können, legen sich Osterwalder und Pigneur (2011) auf neun Bausteine fest, welche gleichzeitig die vier bedeutendsten Unternehmensbereiche abdecken. Diese vier Bereiche umfassen Kunden, Infrastruktur, Angebot sowie finanzielle Überlebensfähigkeit.[10] Nachfolgende Abbildung soll die BMC visualisieren (Abb. 1):

---

[6] *Osterwalder/Pigneur* (2011). S. 18
[7] Vgl. *Osterwalder/Pigneur* (2011). S. 19
[8] *Osterwalder/Pigneur* (2011). S. 16
[9] Vgl. *Lukas* in *Grote* (2018). S. 147
[10] Vgl. *Osterwalder/Pigneur* (2011). S. 19

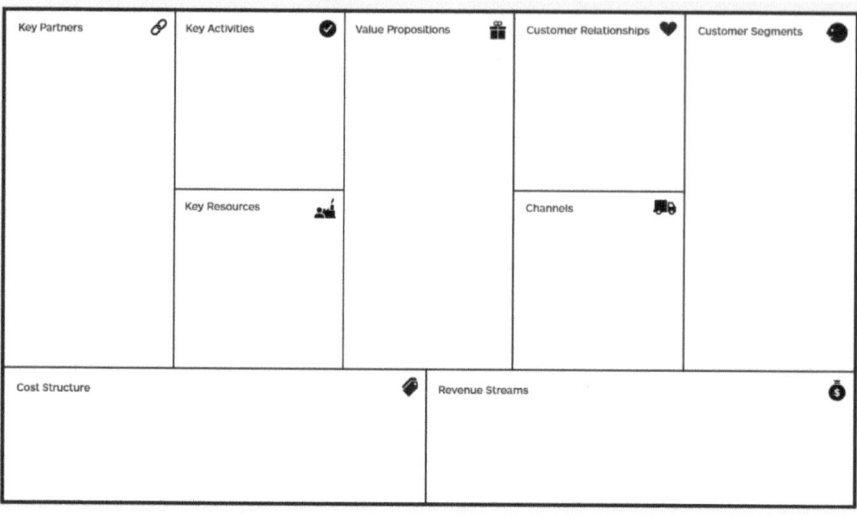

Abbildung 1: The Business Model Canvas (Quelle: Strategyzer AG)

Zentral stehen die *Value Propositions (Wertangebote)*. Dieses Segment beschreibt das Wertversprechen und umfasst sämtliche Dienstleistungen und Produkte, aber auch detailliert aufgeführte Attribute.[11] Die Wertangebote sollen Kundenbedürfnisse befriedigen und Kundenprobleme lösen.[12] Sämtliche Elemente, die links von den *Value Propositions* stehen, bilden die interne Sicht des Geschäftsmodells ab und analysieren die Voraussetzungen, um überhaupt ein Wertangebot herzustellen und anzubieten. Die Felder rechts der Value Propositions umfassen die externe Sicht des Unternehmens und betrachten somit die Marktsicht.[13] Neben den bereits beschriebenen Value Propositions finden sich weitere acht Elemente in der BMC. Die *Customer Segments (Kundensegmente)* nehmen eine Schlüsselposition ein. Ohne Kunden kann ein Geschäftsmodell nicht funktionieren. Das Element identifiziert wichtige Kundengruppen, legt die Marktorientierung fest und definiert letztendlich die zu bedienende Zielgruppe.[14] Über verschiedene *Channels (Kanäle)* hat ein Unternehmen die Möglichkeit, mit den ausgewählten Kundensegmenten in Kontakt zu treten, um das Wertangebot zu präsentieren. Unternehmen können für diesen Zweck Kommunikations-, Distributions- und Verkaufskanäle einsetzen und dadurch Schnittstellen zum Kunden schaffen.[15] Über diese Schnittstellen entstehen *Customer Relationships (Kundenbeziehungen)*. Hierbei muss klargestellt werden, welche Erwartungen der Kunde an das Unternehmen hat und welche Form von

---

[11] Vgl. *Lukas* in *Grote* (2018). S. 147
[12] Vgl. *Osterwalder/Pigneur* (2011). S. 20
[13] Vgl. *Lukas* in *Grote* (2018) S. 147
[14] Vgl. *Osterwalder/Pigneur* (2011). S. 24
[15] Vgl. *Osterwalder/Pigneur* (2011). S. 20

Beziehung gewünscht ist. Die *Revenue Streams (Einnahmequellen)* resultieren aus den erfolgreichen Wertangeboten und beinhalten die erzielten Einnahmen mit einem festgelegten Kundensegment. Für dieses Element ist es notwendig, mögliche Strategien einer sinnvollen Finanzstruktur zu erarbeiten, um auf dieser Basis ermitteln zu können, für welche Leistung der Kunde wie viel Geld ausgeben möchte.[16] Das Element der *Key Resources (Schlüsselressourcen)* strukturiert die notwendigen Ressourcen für das erfolgreiche Funktionieren der zuvor definierten Geschäftsidee. Benötigte Ressourcen könnten dabei physischer, immaterieller, personeller und finanzieller Art entsprechen. Die *Key Activities (Schlüsselaktivitäten)* umfassen besondere Aktivitäten, die zum Erfolg des Unternehmens beitragen. Sie beinhalten all jene Mittel und Aktivitäten, „die ein Unternehmen tun muss, damit sein Geschäftsmodell funktioniert."[17] Mit den *Key Partners (Schlüsselpartner)* können gewisse Aktivitäten ausgelagert werden und ein Teil der Ressourcen außerhalb des Unternehmens beschafft werden.[18] Zuletzt bilden die *Cost Structures (Kostenstrukturen)* einen zwingend notenwendigen Part der BMC. Dieses Feld soll die entstehenden Kosten durch Schlüsselpartner, -aktivitäten und -ressourcen analysieren und diese um weitere mögliche Kosten ergänzen.[19] Hierbei kann meist zwischen zwei Kostenstrukturen unterschieden werden, nämlich kostenorientiert oder wertorientiert. Während kostenorientierte Geschäftsmodelle die Minimierung sämtlicher Kosten anstreben, fokussieren sich wertorientierte Geschäftsmodelle auf die Wertschöpfung und erstklassige Wertangebote.[20]

Die Business Model Canvas kann als (strategisches) Konzept Unternehmen dabei unterstützen, bereits bestehende Geschäftsmodelle zu beschreiben oder neue Geschäftsmodelle zu entwickeln. Durch die Visualisierung und eine strukturierte Darstellung bietet die BMC eine ansprechende Grundlage, um ein wirksames Storytelling bei Stakeholdern zu erzielen. Außerdem hilft die BMC in leicht verständlicher Weise, Stärken und Schwächen aufzudecken und somit den Wandel eines Geschäftsmodells zu begleiten. Dennoch müssen neben den genannten Vorteilen auch mögliche Nachteile berücksichtigt werden. Obwohl die BMC scheinbar leicht zu füllen und zu bearbeiten ist, erscheint eine professionelle Unterstützung in der Methodik teilweise sinnvoll. Darüber hinaus ist das ausgewählte Team entscheidend für den Erfolg oder Misserfolg des Konzepts. Die Teamgröße sollte bestenfalls vier bis sechs Personen umfassen, um einen konstruktiven und anregenden Ideenaustausch zu gewährleisten. Dies steht auch im Zusammenhang

---

[16] Vgl. *Lukas* in *Grote* (2018). S. 149
[17] *Osterwalder/Pigneur* (2011). S. 40
[18] Vgl. *Osterwalder/Pigneur* (2011). S. 21
[19] Vgl. *Lukas* in *Grote* (2018). S. 150
[20] Vgl. *Osterwalder/Pigneur* (2011). S. 45

mit dem Faktor Zeit. Ein gutes Zeitmanagement ist Voraussetzung für die Erreichung des Ziels, welches im Voraus definiert wurde.[21]

2.3 Business Intelligence

Im nachfolgenden Abschnitt wird zunächst die historische Entwicklung von Business Intelligence aufgezeigt und anschließend der Begriff „Business Intelligence" definiert. Daraufhin werden ausgewählte BI-Konzepte vorgestellt.

2.3.1 Historische Entwicklung

Unternehmen stützen sich seit Jahrzehnten auf Informationstechnik, welche sich über die Jahre hinweg stets weiterentwickelt. Aus diesem Grund lässt sich der Beginn von Business Intelligence (BI) nicht genau definieren.

In der Literatur finden sich die Anfänge von Business Intelligence in den 1960er-Jahren wieder, und zwar in Form von kommerziell genutzten, elektronischen Daten. Diese ersten Versuche sollten für das Management unterstützend wirken und Entscheidungen mit Hilfe von Informationssystemen erleichtern.[22] Zum direkten Einsatz in Planung und Kontrolle sollten damals die „Management Information Systems" (MIS) kommen, welche jedoch die hohen Erwartungen hinsichtlich ihrer technischen Umsetzbarkeit nicht erfüllen konnten.[23] Das in den 1980er-Jahren entstandene Konglomerat aus aufgabenorientieren und anwenderspezifischen Einzelsystemen konnte sich als „Management Support Systems" (MSS) immer mehr etablieren.[24] MSS bilden nach Gluchowski et al. (2008) „alle DV-Anwendungssysteme [ab], die das Management [...] bei ihren vielfältigen Aufgaben unterstützen."[25] Sie umfassen die komplette Kommunikations- und Informationstechnologie und finden insbesondere in der Wissenschaft trotz ständiger Entwicklungen noch eine begriffliche Verwendung.[26] Erst in den 90er-Jahren wird in der Literatur von „Business Intelligence" gesprochen. Die Gartner Group, ein amerikanisches Forschungs- und Beratungsunternehmen, war federführend an der Entwicklung des Begriffes beteiligt. In einer Publikation aus dem Jahr 1996 wird der Begriff „Business Intelligence" als Sammlung von unterstützenden Tools definiert, welche Informationen aus vorhandenen Daten

---

[21] Vgl. *Lukas* in *Grote* (2018). S. 154
[22] Vgl. *Kemper* et al. (2010) S. 1
[23] Vgl. *Gluchowski* et al. (2008) S. 57
[24] Vgl. *Kemper* et al. (2010) S. 1
[25] *Gluchowski* et al. (2008) S. 15
[26] Vgl. *Kemper* et al. (2010) S. 1-2

ziehen sollen.[27] Heutzutage gelten BI-Lösungen als „innovative IT-Lösungen zur Unternehmenssteuerung und -planung".[28]

2.3.2 Definition

Stand heute gibt es keine allgemein gültige Definition des Begriffes „Business Intelligence". Die wörtliche Übersetzung „Unternehmensintelligenz" ist ungeeignet, da die Wissenschaft bereits an einer einheitlichen Definition für „Intelligenz" scheitert. Weiterhin soll „Intelligence" in diesem Zusammenhang Informationen in Wissen umwandeln und ist somit nicht mit Intelligenz im eigentlichen Sinne zu übersetzen.[29] Business Intelligence umfasst sämtliche Aktivitäten, „die der Integration, der qualitativen Verbesserung, der Transformation und der statistischen Analyse der operativen und externen Daten [...] dienen".[30] Ziel dieser Aktivitäten ist es, durch diese Daten Informationen und insbesondere Wissen zu erzeugen, welches innerhalb eines festgelegten Rahmens vorgegeben wird.[31] Die Autoren Müller und Lenz (2013) kritisieren die oftmals von Informatikern verfasste Fachliteratur zu Business Intelligence. Sie sind der Meinung, dass Daten hauptsächlich im betriebswirtschaftlichen Bereich ausgewertet werden, dieser aber in der Literatur kaum berücksichtigt wird. Aus diesem Grund entwickelten sie eine Formel, welche die Zusammensetzung von Business Intelligence verdeutlichen soll:

„Business Intelligence = 50% Betriebswirtschaft/Operations Research + 25% Data Mining/Statistik + 25% Data Warehousing"[32]

Business Intelligence beinhaltet das Sammeln von Geschäftsdaten sowie die Auswertung und Darstellung dieser Daten. Um diese großen Datenmengen verarbeiten und aussagekräftige Informationen ermitteln zu können, ist die Datenerfassung nur durch technologische Unterstützung und automatisierte Prozesse zu bewältigen.[33] Transparent gemachte Daten, die aus heterogenen Datenquellen stammen können, dienen der Führungsebene als Entscheidungshilfe und bilden somit einen wichtigen Bestandteil in der Unternehmenssteuerung.[34] Dabei umfasst Business Intelligence nicht nur die Informationsversorgung des Managements, sondern kann in allen Unternehmensbereichen eingesetzt werden.

---

[27] Vgl. *Gartner Group (1996)* in *Kemper* et al. (2010) S. 2
[28] *Gluchowski* et al. (2008) S. 89
[29] Vgl. Hanning (2008), S. 77 in *Schön* (2018) S. 405
[30] *Müller/Lenz* (2013) S. 3
[31] Vgl. *Müller/Lenz* (2013) S. 3
[32] *Müller/Lenz* (2013) S. V
[33] Vgl. *Bashiri* et al. (2010) S. 147
[34] Vgl. *Bashiri* et al. (2010) S. 148

Anhand der Vielzahl von Definitionen identifizieren die deutschen Wirtschaftsinformatiker Gluchowski und Chamoni (2016) vier BI-Ebenen, die nachfolgend abgebildet sind:[35]

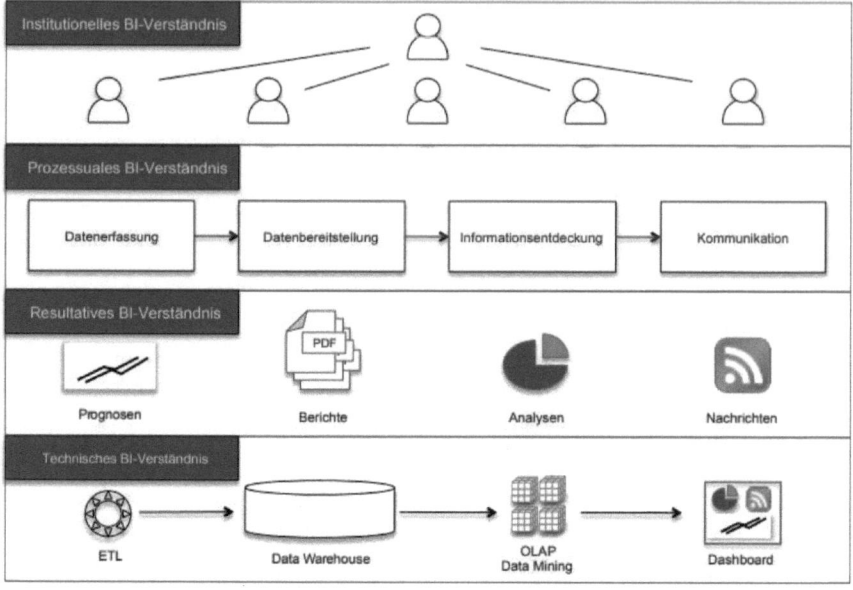

Abbildung 2: Ebenen eines ganzheitlichen BI-Verständnisses (Quelle: Schieder (2014) in Gluchowski/Chamoni (2016), S. 24)

Die Reihenfolge der genannten Ebenen stellt ebenso eine Form von Hierarchie dar. So muss zunächst eine Personengruppe innerhalb der Organisation definiert werden, die für die Planung und Umsetzung der BI-Prozesse zuständig ist (institutionelles Verständnis). Erst dann kann ein prozessuales Verständnis in Form von der Erstellung geschäftsrelevanter Informationen sowie Ermittlung notwendiger Aktionen geschaffen werden. Das resultative BI-Verständnis fokussiert sich auf die Ergebnisse des vorherigen Prozesses und verfolgt das Ziel, den Entscheidungsträgern durch Berichte und Analysen ein besseres Verständnis zu vermitteln. Durch den Einsatz mehrerer Technologien, Konzepte und Systeme soll anschließend eine Vielzahl von verschiedenen Unternehmensdaten aggregiert und untersucht werden, um daraus wichtige Informationen zu gewinnen und diese anschließend aufzubereiten.[36]

Zusammenfassend lassen sich unter der Begrifflichkeit „Business Intelligence" verschiedene Konzepte und Technologien definieren, die zur Unterstützung der Entscheidungs-

---

[35] Vgl. *Gluchowski/Chamoni* (2016) S. 24
[36] Vgl. *Gluchowski/Chamoni* (2016) S. 23

findung genutzt werden, indem unternehmensinterne und externe Daten gesammelt, aggregiert und aufbereitet werden. Die Zielsetzung ist dabei, die aufbereiteten Daten und Informationen zu weiteren Planungs-, Analyse- und Steuerungszwecken zu nutzen.[37]

2.3.3 Business Intelligence-Konzepte

In diesem Kapitel sollen verschiedene Konzepte und Instrumente vorgestellt werden, die im Zusammenhang mit BI zum Einsatz kommen. Der Fokus soll in dieser Arbeit auf folgenden Konzepten liegen: Self-Service BI, OLAP, Process Mining, Predictive Analytics und KPI-Dashboards.

Self-Service BI

In Bezug auf Business Intelligence ist der Begriff „Self-Service" selbsterklärend. Der Anwender soll selbständig (engl. „self") in der Lage sein, das BI-Tool für seine Zwecke zu nutzen und Aufgaben (engl. „service") in eigener Verantwortung zu bearbeiten. Durch Self-Service BI soll der Nutzer weniger abhängig von der IT sein, einfachen Zugriff auf Quelldaten für Reportings erhalten, eine verbesserte Datenanalysefunktion nutzen können, schneller über Applikationen und Cloud Computing verfügen und eine einfache, kollaborative Endoberfläche genießen.[38] Ziel ist es, dadurch wichtige Ressourcen und Zeit einzusparen. Dafür ist der Einsatz von übersichtlichen und funktionalen Tools notwendig, mit denen sich der Anwender ohne tiefergehende IT-Kenntnisse eigene Analysen und Auswertungen aus den vorhandenen Daten zusammenstellen kann.[39] Es muss stets darauf geachtet werden, dass die Datenbasis transparent ist und die Resultate nachvollziehbar sind, sodass der Empfänger der Information eben diese auch versteht. Hierbei spielen insbesondere die Visualisierung der Daten und deren Präsentation eine große Rolle.[40]

Online Analytical Processing (OLAP)

Für die schnelle und flexible Verarbeitung multidimensionaler Daten durch Ad-Hoc-Analysen bietet sich die Vorgehensweise des *Online Analytical Processings*, kurz OLAP, an.[41] Diese Methodik soll insbesondere Managern und qualifizierten Mitarbeitern einen interaktiven und schnellen Zugriff auf für sie relevante Informationen ermöglichen.[42] Ein

---

[37] Vgl. *Gluchowski* et al. (2008) S. 93
[38] Vgl. *Imhoff/White* (2011) S. 5
[39] Vgl. *Luber/Litzel* (2017).
[40] Vgl. *Imhoff/White* (2011) S. 6
[41] Vgl. *Müller/Lenz* (2013) S. 50
[42] Vgl. *Gluchowski* et al. (2008) S. 144

OLAP-System muss nach Pendse und Creeth (1995) fünf Anforderungen erfüllen, welche durch das Akronym FASMI (Fast Analysis of Shared Multidimensional Information) zusammengefasst sind:

Fast → Eine schnelle Antwortzeit von einer bis maximal 20 Sekunden, abhängig von der Komplexität der Aufgabe, ermöglicht eine interaktive Nutzung des OLAP-Systems.

Analysis → Damit der Anwender selbständige Analysen ohne individuelle Programmierung durchführen kann, bietet das OLAP-System intuitive Werkzeuge für eine erfolgreiche Umsetzung.

Shared → Mehrere Nutzer können auf die gemeinsame Datenbasis zugreifen.

Multidimensional → Eine multidimensionale Sicht der zugrunde liegenden Datenbasis ist umsetzbar.

Information → Die Daten werden dem Nutzer transparent und unabhängig von ihrer Herkunft zur Verfügung gestellt.[43]

Die Datenbasis entstammt oftmals aus mehreren Geschäftsfeldern und ist in der Theorie unbegrenzt in der Anzahl ihrer Dimensionen. Dennoch sind aus betriebswirtschaftlicher Sicht Dimensionen im einstelligen bis niedrigen zweistelligen Bereich sinnvoll, um die Übersichtlichkeit der Dimensionsausprägungen für die analysierende Person zu gewährleisten.[44] Die Multidimensionalität der Daten lässt sich in Form eines Würfels – oder auch OLAP-Cube genannt – darstellen (Abb. 3):

---

[43] Vgl. *Müller/Lenz* (2013) S. 51
[44] Vgl. *Kemper* et al. (2010) S. 101

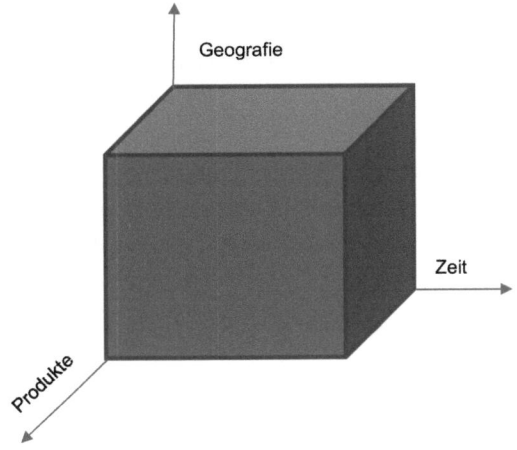

Geografie

Zeit

Produkte

Abbildung 3: OLAP-Cube (Quelle: Eigene Darstellung, in Anlehnung an Kemper et al. (2010), S. 101)

Der Einsatz verschiedener Funktionen ermöglicht es dem Anwender, auf die gewünschten Daten zuzugreifen. Am häufigsten werden die Operationen *Pivotierung/Rotation, Roll-Up & Drill-Down, Drill-Through & Drill-Across* sowie *Slice & Dice* genutzt. Zwei Dimensionen sind für einen Großteil der betrieblichen Analysen vollkommen ausreichend. Bei der Pivotierung wird der Würfel um die eigene Achse gedreht, sodass eine weitere Kombination zweier Dimensionen sichtbar ist. Ein Roll-Up aggregiert die dargestellten Informationen und verdichtet sie. Im Gegensatz dazu erhöht der Drill-Down den Detaillierungsgrad und hebt die Verdichtung auf. Der Drill-Through ermöglicht das Verlassen des Würfels und untersucht das System auf weitere Details und Informationen. Der Drill-Across ist eine horizontale Suche, wodurch der User anhand einer übereinstimmenden Dimension auf andere Datenwürfel zugreifen kann. Ein Slice ist eine, dem Datenwürfel entnommene, Scheibe und dient einer bedarfsgerechten Filterung großer Datenmengen. Der Anwender hat dadurch beispielsweise Zugriff auf alle Daten, die ein bestimmtes Produkt betreffen. Als mehrdimensionaler Ausschnitt eines Würfels enthält der Dice keine Einschränkung auf einen bestimmten Wert, sondern schränkt mehrere Dimensionen auf verschiedene Dimensionselemente ein und kann somit als neuer Teilwürfel extrahiert und weiterverarbeitet werden.[45]

Process Mining

Als eine weiterentwickelte Form des Data Minings werden mit Hilfe von Process Mining Unternehmensprozesse analysiert und optimiert. Die Analyse der Prozesse erfolgt auf

---

[45] Vgl. *Kemper* et al. (2010) S. 102-105

Basis von Ereignisprotokollen, wobei ein Ereignis als ein Arbeitsschritt eines Prozesses gesehen wird, der vom Anwender angestoßen und von der Software als Ereignis protokolliert wird.[46] Process Mining fungiert als unterstützendes Tool für das Prozessmanagement und verwertet elektronisch gesammelte Daten verschiedenster EDV-Systeme (z.B. ERP; CRM, MES…). Durch algorithmische Auswertungen der Transaktions- und Vorgangsdaten kann das Unternehmen die tatsächlichen Prozesse erkennen und auf dieser Basis Verbesserungsmöglichkeiten erarbeiten.[47] Ziel des Process Minings ist die Einsparung von Zeit und Kosten durch Prozessoptimierungen sowie die Minimierung von Fehleranfälligkeiten.

Predictive Analytics

Predictive Analytics findet als Teilgebiet des Data Minings bzw. Advanced Analytics vor allem dann Anwendung, wenn die Analysen mögliche zukünftige Entwicklungen vorhersagen sollen.[48] Die Einsatzgebiete dieser Technologie strecken sich von der Finanz- und Unternehmensplanung über Bereichsanalysen wie Beschaffung und Produktion bis hin zu Qualitätsmanagement und Personalentwicklung. Der Vorteil von Predictive Analytics liegt in der Erkennung von Verhaltens- und Kaufmustern, welche sich aus den analysierten Daten ergeben.[49] Im Gegensatz zu relationalen Datenbanken, welche lediglich strukturierte Daten auswerten, können durch Predictive Analytics auch semi- und unstrukturierte Daten (z.B. Log-In-Daten, Maschinendaten) ausgewertet und analysiert werden.[50] Dadurch ergeben sich neue Analysechancen für Unternehmen und zusätzliche Erkenntnisse, um im Wettbewerb zu bestehen.

KPI-Dashboard

Eine sinnvolle, nachvollziehbare und leicht verständliche Visualisierung der Daten hilft dem Management, die Zielerreichung der Unternehmensbereiche frühzeitig ableiten zu können. Der Vorteil gegenüber einem herkömmlichen Reporting liegt bei der dynamischen Aktualisierung und der Aufbereitung der Daten in Echtzeit. Ein KPI-Dashboard stellt erfolgskritische Kennzahlen visuell und transparent dar, sodass bei Abweichungen rechtzeitig reagiert werden kann. Durch interaktive Funktionalitäten kann der Anwender das KPI-Dashboard individuell anpassen und bereichsspezifische Analysen erstellen. Für die Darstellung der Daten kann zwischen verschiedenen Diagrammtypen wie Kuchen-, Linien- oder Balkendiagrammen gewählt werden.[51] Entscheidend für den Erfolg

---

[46] Vgl. *Laue* et al. (2021) S. 165-166
[47] Vgl. *Peters/Nauroth* (2019) S. 3
[48] Vgl. *Gluchowski/Chamoni* (2016) S. 227
[49] Vgl. *Schön* (2018) S. 380
[50] Vgl. *Gluchowski/Chamoni* (2016) S. 227
[51] Vgl. *Luber/Litzel* (2020).

von KPI-Dashboards sind eine komprimierte Darstellung relevanter Informationen sowie eine (bereichs-)spezifische Lösung mit Verzicht auf Detailinformationen.[52] Damit die Daten in einer sinnvollen und weiterverwertbaren Form abgebildet werden können, ist der Dialog zwischen Entscheider und Ersteller unverzichtbar. Außerdem sollten Unternehmen auf standardisierte, aber auch auf flexible Dashboards zugreifen können, um dadurch bestmögliche Ergebnisse und Analysen zu erhalten.[53]

2.4 Zusammenfassung theoretischer Grundlagen

Ein Geschäftsmodell definiert die Aufgabe eines Unternehmens und beschreibt, auf welche Art und Weise diese Aufgabe durchgeführt wird. Osterwalder und Pigneur entwickelten mit der Business Model Canvas ein Konzept, welches bei der Erstellung, Beschreibung, (Weiter-)Entwicklung und Analyse eines Geschäftsmodells unterstützt. Hierbei werden neun Bausteine, allen voran die Value Propositions, gefüllt und strukturiert. Dadurch werden die wichtigsten Faktoren eines Geschäftsmodells aufgezeigt und ein Überblick über einzelne Segmente geschaffen.

Business Intelligence bietet Unternehmen den Vorteil, die Vielzahl an Unternehmensdaten zu aggregieren und letztendlich auch zu analysieren. Die verfügbaren Daten sollen zur Informationsgewinnung und Generierung von Wissen genutzt werden und verfolgen die Zielsetzung, Zusammenhänge, Prozesse und Entwicklungen besser zu verstehen. Dadurch können Unternehmen frühzeitig reagieren und auf dieser Basis Entscheidungen für die Zukunft treffen. Verschiedene BI-Konzepte unterstützen in der Entscheidungsfindung, sodass die aufbereiteten Daten und Informationen zu weiteren Planungs- und Analysezwecken genutzt werden können.

Welche Auswirkungen Business Intelligence auf ein Geschäftsmodell haben kann, soll im nächsten Kapitel beschrieben werden.

3. Methodik

3.1 Vorstellung des Unternehmens

Die Tesla, Inc. ist ein US-amerikanisches Unternehmen, welches 2003 von Marc Tarpenning und Martin Eberhard gegründet wurde. Elon Musk, der heutige CEO des Unternehmens, stieg zunächst als Mitbegründer ein und trägt heute die Verantwortung für die

---

[52] Vgl. *Gluchowski* et al. (2008) S 216
[53] Vgl. *Klein/Gräf* (2017) S. 161

Produktentwicklung, das Engineering sowie die weltweite Produktion von Elektrofahrzeugen und Produkten aus dem Batterie- und Solarenergiebereich.[54] Das Unternehmen versteht sich selbst als Antreiber nachhaltiger Mobilität und legt den Fokus seiner Produkte auf saubere Energie und höchste Effizienz.[55] Die Produktpalette erstreckt sich über die Entwicklung, Produktion und den Verkauf leistungsstarker, vollelektrischer Automobile sowie Energieerzeugungs- und -speichersysteme. Darüber hinaus bietet Tesla, Inc. sämtliche Dienstleistungen an (z.B. Ladestationen „Supercharger" für Elektrofahrzeuge), die in Zusammenhang mit den Produkten stehen. Tesla, Inc. verfolgt die Mission, den Übergang zu nachhaltiger Energie zu aktivieren und hebt sich durch das hohe technische Know-How, ein vertikal integriertes Geschäftsmodell und den Fokus auf das Nutzererlebnis von anderen Unternehmen dieser Art ab. Zum Jahresende 2020 beschäftigte das Unternehmen ca. 70.000 Mitarbeiter weltweit und hat einen Umsatz von 31.536 Mio. USD erwirtschaftet.[56]

3.2 Das Geschäftsmodell der Tesla, Inc.

Nachfolgend wird das Geschäftsmodell der Tesla, Inc. anhand der BMC-Struktur nach Osterwalder und Pigneur beschrieben. Die ausgefüllte Business Model Canvas ist in den Anlagen als Anlage 1 zu finden.

Value Propositions (Wertangebote)

Die Tesla, Inc. verfolgt die Zielsetzung, ihren Kunden die besten Elektrofahrzeuge auf dem Markt anzubieten, welche sich durch starke Leistung, modernes Design, Energieeffizienz und fortgeschrittene Technologien abheben. Das Wertversprechen ist eine umweltfreundlichere Lösung, Funktionalität und vor allem die Flexibilität durch eine gut ausgebaute Ladeinfrastruktur, welche kostengünstiges Laden ermöglicht. Als Marktführer für vollelektrische Fahrzeuge sticht Tesla ebenso durch Innovationen wie Autonomes Fahren heraus. Neben den eigenen Automobilen verkauft Tesla Batterien und Solarpaneele sowohl an private als auch an gewerbliche Kunden und erleichtert somit die Energieversorgung.

Customer Segments (Kundensegmente)

Die Produkte der Tesla, Inc. richten sich vom mittleren Marktsegment mit erschwinglichen Preisen bis hin zu Luxuswagen, welche von vermögenden Privatpersonen erwor-

---

[54] Vgl. *Tesla Inc.* (2021).
[55] Vgl. *Tesla Inc.* (2021a).
[56] Vgl. *U.S. Securities and Exchange Commission* (2021).

ben werden. Weiterhin möchte Tesla die sog. „Green Community" ansprechen, also Personen, die hohen Wert auf Nachhaltigkeit und umweltfreundliche Produkte legen. Für Unternehmen könnte die Aufnahme von Tesla-Fahrzeugen in die Fahrzeugflotte interessant sein, um Fördermittel von Regierungen nutzen zu können und Nachhaltigkeit zu repräsentieren. Hier wird vor allem die mittlere und obere Führungsebene angesprochen. Darüber hinaus darf nicht übersehen werden, dass zu den Kundensegmenten Sportauto-Liebhaber und insbesondere auch Anhänger von Elon Musk gehören.

Channels (Kanäle)

Im Gegensatz zu anderen Automobilherstellern gibt Tesla wenig Geld für Werbung aus. Das Unternehmen nutzt seine eigenen Verkaufsläden, welche weltweit als sog. „Tesla Stores" vertreten sind. Außerdem verfügt Tesla über einen leicht verständlichen Self-Service-Onlineshop, über den potenzielle Kunden ihr beliebiges Modell nach eigenen Wünschen konfigurieren können. Regelmäßige Konferenzen und Verkaufsevents ergänzen die Kanäle. Tesla glaubt an die Kraft der eigenen Marke und an den Ruf, den das Unternehmen hat und nutzt durch ihren CEO Elon Musk soziale Medien, insbesondere Twitter, für ihren Vorteil.

Customer Relationships (Kundenbeziehungen)

Die Kundenbeziehung bildet eines der wichtigsten Fundamente für Tesla. Von Beginn an liegt der Fokus des Unternehmens auf dem Kundenerlebnis. Dadurch hat sich Tesla als Marke etabliert und genießt ein hohes Ansehen sowie einen weltweiten Bekanntheitsgrad. Durch Investitionen in das Ladenetzwerk ermöglicht Tesla seinen Kunden ein schnelles, kostengünstiges oder gar kostenfreies Aufladen. Dies ist ein Zeichen, welchen hohen Stellenwert der Kundenservice für das Unternehmen einnimmt. Er steht im Zentrum des Unternehmens. Die Festigung der Kundenbeziehung beginnt bei der Bestellung des Autos, über die Kommunikation und Auslieferung. Diese Prozesse sind in einem hohen Maße personalisiert und bieten somit ein besonderes Erlebnis.

Revenue Streams (Einnahmequellen)

Die Haupteinnahmequelle von Tesla stellt der Fahrzeugverkauf dar. Trotz hoher Investitionen in die Solarmodultechnologien und das Projekt „Solar City" hat das Unternehmen bisher keine nennenswerten Umsätze mit diesem Geschäftsfeld erwirtschaftet.

Der Umsatz im Automotive-Segment umfasst den Verkauf aller Fahrzeugmodelle, den Zugang zur Ladeinfrastruktur, Software-Updates, Aftersales-Services, Verkauf von Komponenten, Einzelhandelswaren, etc. Tesla konnte seinen Gesamtumsatz in den letzten drei Jahren von 21.461 Mio. USD (2018) auf 24.578 Mio. (2019) bzw. auf 31.536 Mio.

USD (2020) erhöhen.[57] Der Großteil der Umsätze wurde dabei durch Autoverkäufe generiert (durchschnittlich ca. 82%). Der Energiesektor trägt mit durchschnittlich 6,6 % nur geringfügig zum Gesamtumsatz bei (2018: 1.555 Mio. USD, 2019: 1.531 Mio. USD, 2020: 1.994 Mio. USD).[58]

Key Resources (Schlüsselressourcen)

Die wichtigsten Schlüsselressourcen sind diejenigen, die dem Unternehmen die Möglichkeit geben, alle notwendigen Aktivitäten zu erfüllen, um das Wertversprechen halten zu können. Dazu gehört das technologische Wissen wie beispielsweise ein überlegenes Motordesign (schadstofffrei, leistungsstark) oder in Bezug auf die Motorkomponenten (Lithium-Ionen-Akku-System). Als Vorreiter in elektrischer Mobilität hebt sich Tesla von Wettbewerbern ab. Das Unternehmen sammelt enorme Datenmengen, die zum Erfolg beigetragen haben. Die Daten werden zuverlässig aus der Fahrzeugsoftware abgeleitet, um sie im Anschluss auszuwerten und zu analysieren. Eine weitere Schlüsselressource sind die Mitarbeiter und ihre Skills. Von den über 70.000 Mitarbeitern (Stand 31.12.2020) weltweit gehören viele zu den Besten auf ihrem Gebiet. Das Wissensniveau ist sehr hoch, es arbeiten sehr viele Experten für das Unternehmen. Außerdem schätzt Tesla das Verhältnis zu den Mitarbeitern als gut ein, was auf eine positive Grundstimmung deuten lässt.

Key Activities (Schlüsselaktivitäten)

Die Fahrzeuge von Tesla bestechen durch ihr auffallendes Design. Es ist schlank, modern und minimalistisch. Die Tatsache, dass sie keine Auspuffrohre und traditionellen Benzinmotoren haben, ermöglichte eine neue Art und Weise, über die Aerodynamik und Ästhetik des Autos nachzudenken. Der Wettlauf um ständige Innovation und Verbesserung des Designs, der Effizienz und der Reichweite der Autos veranlasst Tesla zu Investitionen in Forschung und Entwicklung. So werden ungefähr 5,5% des Gesamtumsatzes in R&D investiert und Partnerschaften mit Unternehmen wie Panasonic eingegangen. Tesla arbeitet ständig daran, die Produkte innovativ zu verbessern und aus möglichst umweltfreundlichen Materialien herzustellen, um zukünftige Nachhaltigkeit sicherzustellen. Die gut ausgebaute Infrastruktur von Supercharger- und normalen Ladestationen auf der ganzen Welt fördert die Verbreitung der Elektrofahrzeuge. Mit über 16.000 Superchargern sowie mehreren Tausend Ladestationen kann Tesla problemlos die Kundschaft mit ausreichend Energie versorgen.

---

[57] Vgl. *U.S. Securities and Exchange Commission* (2021).
[58] Vgl. *U.S. Securities and Exchange Commission* (2021).

Key Partners (Schlüsselpartner)

Partnerschaften mit anderen Unternehmen sind für die Leistungskraft eines Geschäftsmodells entscheidend. Die Kernkompetenzen von Tesla liegen auf sämtlichen technologischen Fähigkeiten hinsichtlich Innovation, Fertigung, Design und Software. Um tatsächlich erfolgreich mit Elektrofahrzeugen zu sein, werden mehrere strategische Partner benötigt. Dazu gehören die OEM (Original Equipment Manufacturer), die für die Zulieferung verschiedener Komponenten wie beispielsweise Windschutzscheiben oder Bremsen zuständig sind. Tesla arbeitet seit 2010 gemeinsam mit Panasonic an der Entwicklung von Batteriezellen, während Panasonic außerdem beim Bau der Gigafactorys von Tesla unterstützt. In diesen riesigen Produktionsanlagen soll die Herstellung von Batterien und Solarzellen erfolgen. Im Jahr 2012 gaben Tesla und der japanische Automobilhersteller Toyota ihre Zusammenarbeit im Bereich Entwicklung (speziell von Teilen und Zubehör) bekannt. Als einen weiteren Schlüsselpartner sind Regierungen zu nennen. Tesla hat erhebliche Investitionen in Form von staatlichen Subventionen und Zuschüssen für Käufer von Tesla-Autos getätigt. Außerdem gehören Hotels, Resorts, Restaurants und Einkaufszentren zu den Schlüsselpartnern, da diese Supercharger-Stationen für die Fahrzeuge einrichten und bereitstellen.

Cost Structures (Kostenstrukturen)

Wie jeder Hersteller hat auch Tesla eine sehr breit aufgestellte Kostenstruktur. Hierzu gehören vor allem die direkten Herstellungs- und Materialkosten inklusive der Abschreibungskosten. Die Herstellungskosten beinhalten dabei auch Anpassungen für Gewährleistungsaufwendungen. Weiterhin werden Forschungs- und Entwicklungskosten (R&D-Kosten) bei ihrer Entstehung als Aufwand erfasst. Die Kosten für Vertrieb und Verwaltung sind im Vergleich zum Vorjahr (2019) um 19% angestiegen, was auf aktienbasierte Vergütungsaufwendungen zurückzuführen ist.[59] Während im Jahr 2019 noch Kosten für bestimmte Restrukturierungsmaßnahmen angefallen sind, gab es im Jahr 2020 keinerlei Restrukturierungen.[60]

3.3 Auswirkungen auf das Geschäftsmodell

Anhand von fünf definierten Hypothesen soll untersucht werden, wie sich Business Intelligence auf die einzelnen Segmente des vorgestellten Geschäftsmodell der Tesla, Inc. auswirkt.

---

[59] Vgl. *U.S. Securities and Exchange Commission* (2021).
[60] Vgl. *U.S. Securities and Exchange Commission* (2021).

Hypothese 1 (H1): Durch den Einsatz von Self-Service BI können Analysen besser erstellt und Entscheidungen schneller getroffen werden.

Die Erfassung und Speicherung einer Vielzahl von Daten in mehreren Systemen führt dazu, dass Auswertungen und Analysen zeitaufwändig sind und keine schnelle Verfügbarkeit notwendiger Informationen gewährleistet werden kann. Außerdem führen Veränderungen in der Technologie zu dem Wunsch nach schnellerem Zugriff und einer steigenden Nachfrage nach Self-Service. Tesla selbst sieht sich als „data-driven company", also als ein datengesteuertes Unternehmen. Ein zentraler und logisch aufgebauter Datenbestand ermöglicht es dem Unternehmen, Daten aus mehreren Systemen in einem Data Warehouse zusammenzufassen und darauf aufbauend weitere Analysen zu erstellen. So werden verschiedene BI-Anwendungen für die Weiterentwicklung der Fahrzeugmodelle genutzt. Daraus ergeben sich neue Erkenntnisse hinsichtlich Designs, Fertigung oder Kundendaten, wodurch Tesla Rückschlüsse ziehen und Entscheidungen treffen kann. Die Informationen stehen den Entwicklern und dem Management ohne Zeitverzug zur Verfügung und können entsprechend weiterverarbeitet werden. Durch den Einsatz von Self-Service BI kann der Anwender auf die im Data Warehouse hinterlegten Daten zugreifen und für sich relevante Auswertungen ohne großen Zeitaufwand selbst erstellen. Diese Auswertungen können bereichsübergreifend genutzt werden, sodass beispielsweise die Design-Abteilung wichtige Informationen an die Konstruktion weitergibt, welche besonderen Design-Merkmale berücksichtigt werden sollten. Die Schlüsselressource Big Data gewinnt noch mehr an Bedeutung, da Informationen rechtzeitig zur Verfügung stehen und Entscheidungen durch den Einsatz von Self-Service BI auf Basis dieser Informationen schneller getroffen werden können. Dies verschafft Tesla als datenorientiertes Unternehmen einen enormen Wettbewerbsvorteil.

H2: Durch den Einsatz von OLAP können Produktionskosten besser analysiert werden und Ressourcen effizienter geplant werden.

Die Material-, Lohn- und Fertigungsgemeinkosten bei Tesla sind in den letzten drei Jahren angestiegen. Um diese Entwicklung nachvollziehen zu können und mögliche Gegenmaßnahmen einzusteuern, ist eine genaue Datenanalyse unumgänglich. Der Einsatz verschiedener Berechnungsoperationen eines dafür erstellten OLAP-Würfels erleichtert die Analyse von Material, Fertigungskosten und zusammenhängenden Umsätzen. Aus den neu generierten Informationen lassen sich Maßnahmen ableiten, welche einen effizienteren Ressourceneinsatz (Material, Personal) ermöglichen und somit Kosten gesenkt werden können. Die Analysen können sich dabei auf einzelne Artikel oder Materialien beziehen und Fragestellungen wie „Welche Materialien sind besonders kostenintensiv?" oder „Welcher Deckungsbeitrag wird mit Produkt X erwirtschaftet?" beantworten. Die Resultate bilden die Grundlage für weitere Handlungsmöglichkeiten. So kann beispielsweise eine Just-In-Time-Lieferung für gewisse Materialien in Betracht gezogen werden, um Lagerkosten zu sparen. Weiterhin können einzelne Produktionsschritte möglicherweise an Partnerunternehmen ausgelagert werden, was die Zusammenarbeit mit den Schlüsselpartnern intensivieren würde. Der Einsatz von OLAP könnte sich schlussfolgernd positiv auf die Kostenstruktur (Materialkosten) und die Schlüsselpartnerschaften (Kooperationen) auswirken.

H3: Der Einsatz von Process Mining hilft bei der Optimierung interner Prozesse und sorgt für Zeit- und Kostenersparnis.

Sowohl in der Produktion als auch im Verkaufsprozess könnte sich der Einsatz von Process Mining als sinnvoll herausstellen. Process Mining dient Unternehmen zur Optimierung ihrer internen Prozesse. Diese Prozesse werden anhand von Zeitstempeln und Ereignissen analysiert und mögliche Abweichungen und Fehlerquellen identifiziert. Tesla legt einen hohen Wert auf reibungslose Abläufe und möchte dem Kunden das bestmögliche Erlebnis bieten. Dazu gehört auch der Verkaufsprozess, welcher entweder online oder vor Ort in einem Tesla Store abläuft. Um den Verkauf kundennah zu gestalten und zu einem besonderen Erlebnis zu machen, müssen Fehlerquellen reduziert werden. Potenzielle Fehlerquellen könnten bei einem Onlinekauf eine nicht funktionierende Webseite sein oder Problematiken beim Bezahlvorgang. Process Mining untersucht die einzelnen Prozessschritte, zeigt Abweichungen und Fehlerquoten auf und erleichtert die Ermittlung von Optimierungs-/Lösungsansätzen. Mit Hilfe von Process Mining soll insbesondere ein schneller und reibungsloser Kauf ermöglicht werden, indem Störfaktoren minimiert oder gar beseitigt werden. Dies bringt positive Auswirkungen auf die Kanäle, aber auch auf den Baustein „Customer Relationship" mit sich. Ziel ist es, dass sich der Kunde wohl und gut aufgehoben fühlt.

H4: Predictive Analytics ermöglicht Prognosen anhand früherer Ereignisse und kann somit den Verkauf von Elektrofahrzeugen optimieren.

Predictive Analytics untersucht verschiedene Verhaltensmuster auf Basis vorliegender Daten und entwickelt daraus mögliche Prognosen zur Optimierung bestimmter Vorgänge. Das BI-Konzept greift dabei auch auf semi- und unstrukturierte Daten und bedient sich an einem Datenpool vergangener Ereignisse. Tesla nutzt aufgezeichnete Daten für die Analyse von Auto- und Nutzeraktivitäten, um darauf aufbauend Produkte anzupassen und verfolgt damit das Ziel, noch mehr Fahrzeuge zu verkaufen. Predictive Analytics wird unterstützend zur Datenanalyse eingesetzt. Durch die Datenerhebung gefahrener

Meilen kann Tesla Karten erstellen, die Gefahrenzonen und Geschwindigkeitsverläufe auswerten. Diese früher eingetretenen Ereignisse nutzt das Unternehmen, um anhand von prognostizierten Werten die Sicherheit der Produkte zu erhöhen. Je sicherer das Auto ist, desto höher ist die Verkaufswahrscheinlichkeit. Die erhöhte Sicherheit könnte wiederum neue Kundengruppen ansprechen. Der Einsatz von Predictive Analytics hat damit nicht nur einen positiven Einfluss auf die Einnahmequellen, sondern auch auf Kundensegmente, Kundenbeziehungen und vor allem das Wertversprechen.

H5: Ein übersichtliches KPI-Dashboard unterstützt das (mittlere) Management bei der Einleitung von Maßnahmen.

Das Management von Tesla kann sich aus Zeitgründen nicht im Detail mit einzelnen Unternehmenskennzahlen auseinandersetzen. Damit betriebswirtschaftliche Fragestellungen nicht unbeachtet bleiben und frühzeitig Maßnahmen eingeleitet werden können, soll ein übersichtliches KPI-Dashboard schnell und einfach die wichtigsten Kennzahlen und Abweichungen abbilden. Die dynamische Aktualisierung und Darstellung von Echtzeitdaten ermöglicht eine frühzeitige Informationsversorgung. Der Einsatz eines KPI-Dashboards erscheint insbesondere im mittleren Management sinnvoll, da diese Führungsebene oftmals noch im operativen Bereich tätig ist. Demnach würde ein dafür entwickeltes KPI-Dashboard die jeweiligen Abteilungen in der Steuerung und Überwachung unterstützen. Ein Dashboard würde vor allem in der Produktion und Fertigung einen hohen Stellenwert einnehmen, um beispielsweise einen deutlich erhöhten Materialeinsatz frühzeitig anzuzeigen. Eine nachfolgende Ursachenanalyse vereinfacht die Entwicklung von Gegenmaßnahmen, welche rechtzeitig eingeleitet werden können und Abweichungen reduziert werden. Tesla kann dadurch seine Kostenstruktur optimieren, Abweichungen und Schwachstellen frühzeitig identifizieren und sein Wertversprechen sichern.

4. Diskussion der Ergebnisse

Die Erarbeitung des Business Model Canvas zeigt das Geschäftsmodell der Tesla, Inc. aus unterschiedlichen Perspektiven. Das Unternehmen selbst agiert bereits sehr datenorientiert und nutzt diese für tiefergehende Analysen. Die Einstellung als datengetriebenes Unternehmen stellt einen der Hauptgründe für den Erfolg von Tesla dar.

Für die Untersuchung der Auswirkungen von verschiedener BI-Konzepte und -Anwendungen auf das Geschäftsmodell wurden fünf Hypothesen aufgestellt, die anschließend beantwortet wurden. Die erste Hypothese bezieht sich auf den Einsatz von Self-Service BI. Big Data bildet aktuell bereits eine Schlüsselressource für Tesla ab und wird durch Self-Service BI noch mehr gefördert und gestärkt. Für den Einsatz dieses BI-Konzepts spricht der frühzeitige Zugriff auf relevante Informationen, da sich die Anforderungen und Unternehmenslage ständig ändern und somit eine schnelle Beurteilung der Situation zum Treffen von Entscheidungen notwendig ist. Self-Service BI ermöglicht diesen schnellen Zugriff und ermöglicht einen effizienten Entscheidungsprozess.[61] Neben den Vorteilen stellt der Einsatz von Self-Service BI Unternehmen auch vor Herausforderungen. Es muss ein hohes Maß an Datenqualität gesichert werden, um diese logisch aufbereiten zu können. Wenn das nicht der Fall ist, besteht das Risiko, fehlerhafte Analysen zu erhalten und Potenziale nicht ausreichend zu nutzen. Demnach ist die Sicherung einer hohen Datenqualität für erfolgreiches Self-Service BI voraussetzend.

OLAP bietet sich für eine flexible und schnelle Verarbeitung von multidimensionalen Daten an. Als äußerst leistungsfähiges Instrument können mit Hilfe von OLAP Daten aus einem anderen Blickwinkel betrachtet werden. Durch verschiedene Berechnungsoperationen kann OLAP neue Informationen zur weiteren Verarbeitung generieren. Dieses Konzept kann insbesondere für die Analyse von Produktionskosten und Ressourceneinsatz von Vorteil sein. Für einen erfolgreichen Einsatz müssen mehrere Regeln und Bedingungen eingehalten werden wie beispielsweise der FASMI-Ansatz von Pendse und Creeth, der bereits in Kapitel 2.3.3 erwähnt wird.

Der Einsatz von Process Mining kann vor allem bei der Optimierung von Prozessen und Sicherung von funktionierenden Abläufen einen großen Nutzen erbringen. Nichtkonsistente Prozessabläufe könnten die Analyse des Gesamtprozesses erschweren und somit nicht das gewünschte Ergebnis liefern. Weiterhin muss eine Vielzahl an gleichen Ereignissen aufgenommen werden, um eine ausreichende Datenbasis für Algorithmen zu bieten. Außerdem sollte neben der technischen Betrachtung auch eine kommerzielle Betrachtung berücksichtigt werden. Hierfür sollten die Faktoren Art, Größe und Wettbewerbssituation untersucht werden. Bei einer Bearbeitung vieler Vorgänge ist die Personalanzahl, die für die Abwicklung zuständig ist, entscheidend für die Wirtschaftlichkeit von Process Mining.[62] Da Tesla ein datenorientiertes Unternehmen ist, das vermutlich einen Großteil der Prozesse automatisiert hat, wäre der Einsatz von Process Mining zu hinterfragen.

Mit Predictive Analytics können Risiken aufgedeckt und ein Blick in die Zukunft geworfen werden. Auf Grundlage zuvor erfasster Daten gibt Predictive Analytics durch festgelegte Algorithmen Prognosen zukünftiger Entwicklungen ab. Obwohl durch den Einsatz dieses Konzepts umfangreiche Auswertungen und Analysen generiert werden können, ist die

---

[61] Vgl. *Imhoff/White* (2011) S. 9
[62] Vgl. *Peters/Nauroth* (2019) S. 34-35

Notwendigkeit des Methodenverstands unumstritten. Die Auswertungen sollten stets kritisch hinterfragt werden. Wesentlicher Bestandteil für eine kritische Beurteilung der berücksichtigten Variable ist das notwendige Fachwissen zur Prüfung, Bewertung und Interpretation der Ergebnisse.[63] Da die Mitarbeiter und ihre Skills eine Schlüsselressource für Tesla abbilden und wie bereits in Kapitel 3.2 beschrieben eine Vielzahl an Bereichsexperten für das Unternehmen arbeiten, dürfte das nötige Fachwissen vorhanden sein.

Ein übersichtliches KPI-Dashboard, das auf die jeweiligen Fachbereiche ausgerichtet ist, soll das Management in der Steuerung ihrer Bereiche unterstützen. Bei der Erstellung des Dashboards ist auf die Darstellung zu achten. Das Design sollte simpel und verständlich gehalten werden und die Informationen komprimiert visualisieren, ohne auf Details einzugehen.[64]

Business Intelligence bietet Unternehmen den Vorteil, dass große Datenmengen komprimiert und schnell verarbeitet werden können. Dynamische Analysen beschleunigen den Entscheidungsprozess und sorgen für eine höhere Transparenz der Unternehmensdaten. Jedoch muss der individuelle Nutzen und das Ziel der Analysen klar definiert sein, um auch tatsächlich die gewünschten Informationen zu erhalten. Demnach müssen die einzelnen Bedürfnisse der Nutzergruppen geklärt werden. Eine weitere Herausforderung ist die Sicherung der Datenqualität, welche bereits vor dem Einsatz von BI-Konzepten gewährleistet werden muss. Außerdem muss das Personal insofern qualifiziert sein, als dass sie die Daten, Informationen und Analysen richtig auswerten, bewerten und interpretieren können.

5. Fazit und Ausblick

Das Ziel dieser Arbeit war die Untersuchung der Auswirkungen von BI auf das Geschäftsmodell der Tesla, Inc., welches zunächst anhand der Business Model Canvas nach Osterwalder und Pigneur beschrieben wurde. Anhand von fünf Hypothesen wurde dargestellt, welche Auswirkungen fünf verschiedene BI-Konzepte auf einzelne Bausteine des Geschäftsmodell haben könnten. Da sich die Tesla, Inc. oftmals selbst als Daten- oder Softwareunternehmen aufgrund der Vielzahl an erhobenen Datenmengen bezeichnet, haben sie einen Großteil der genannten BI-Anwendungen voraussichtlich bereits im Einsatz. Demnach handelt es sich bei den genannten Auswirkungen lediglich um Vermutungen und Ansätze, die jedoch nicht durch Quellen belegbar sind. Bei der Anzahl an

---

[63] Vgl. *Keimer/Egle* (2020) S. 12
[64] Vgl. *Gluchowski* et al. (2008). S. 216

(digitalen) Datenmengen ist der Einsatz verschiedener BI-Systeme sinnvoll. Die Möglichkeiten verfügbarer Konzepte sind dabei vielfältig, weshalb genau definiert werden muss, welcher Bedarf besteht und welche Resultate erreicht werden sollen. Nur so können Problemstellungen identifiziert werden und BI-Konzepte sinnvoll und zielführend eingesetzt werden.

Anlagen

Anlage 1: Business Model Canvas Tesla, Inc. (Eigene Darstellung)

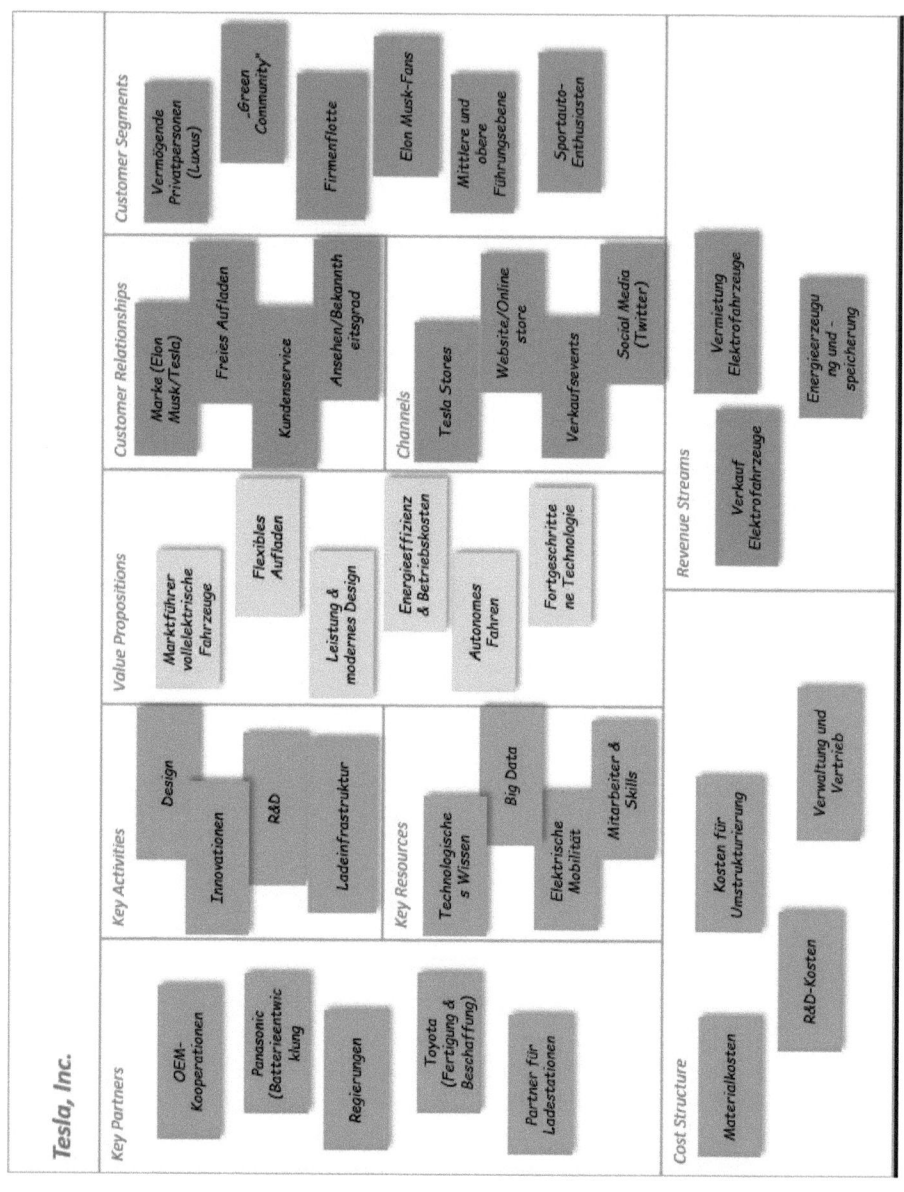

Literatur- und Quellenverzeichnis

Literaturquellen

Ahrend, K.-M. (2016), Geschäftsmodell Nachhaltigkeit: Ökologische und soziale Innovationen als unternehmerische Chance, [Place of publication not identified].

Bashiri, I./Engels, C./Heinzelmann, M. (Hrsg.) (2010), Strategic Alignment, Berlin, Heidelberg.

Gluchowski, P./Chamoni, P. (2016), Analytische Informationssysteme. Business Intelligence-Technologien und -Anwendungen, 5. Aufl., Berlin.

Gluchowski, P./Chamoni, P./Gabriel, R. (2008), Management Support Systeme und Business Intelligence.

Grote, S. (2018), Führungsinstrumente aus dem Silicon Valley.

Imhoff, C./White, C. (2011), Self-Service Business Intelligence. Empowering Users to Generate Insight, TDWI Best Practices Report Third Quarter 2011, The Data Warehouse Institute.

Keimer, I./Egle, U. (Hrsg.) (2020), Die Digitalisierung der Controlling-Funktion. Anwendungsbeispiele aus Theorie und Praxis, Wiesbaden.

Kemper, H.-G./Baars, H./Mehanna, W. (2010), Business Intelligence – Grundlagen und praktische Anwendungen.

Klein, A./Gräf, J. (2017), Reporting und Business Intelligence, 3. Aufl., München.

Laue, R./Koschmider, A./Fahland, D. (Hrsg.) (2021), Prozessmanagement und Process-Mining. Grundlagen, München, Berlin.

Luber, S./Litzel, N. (2017), Was ist Self-Service BI (Business Intelligence)?, in: https://www.bigdata-insider.de/was-ist-self-service-bi-business-intelligence-a-659722/, abgerufen am 14.5.2021.

Luber, S./Litzel, N. (2020), Was ist ein KPI-Dashboard?, in: https://www.bigdata-insider.de/was-ist-ein-kpi-dashboard-a-941304/, abgerufen am 17.5.2021.

Müller, R. M./Lenz, H.-J. (2013), Business Intelligence, Berlin, Heidelberg.

Osterwalder, A./Pigneur, Y. (2011), Business Model Generation. Ein Handbuch für Visionäre, Spielveränderer und Herausforderer.

Peters, R./Nauroth, M. (2019), Process-Mining. Geschäftsprozesse: Smart, Schnell und Einfach, Wiesbaden, Germany.

Schallmo, D. (2013), Geschäftsmodelle erfolgreich entwickeln und implementieren. Mit Aufgaben und Kontrollfragen, Berlin, Heidelberg.

Schön, D. (2018), Planung und Reporting im BI-gestützten Controlling. Grundlagen, Business Intelligence, Mobile BI und Big-Data-Analytics, 3. Aufl., Wiesbaden.

Strategyzer AG (2021), Download-Vorlage "Business Model Canvas", runtergeladen am 13.5.2021

Tesla Inc. (2021a), Über Tesla, in: https://www.tesla.com/de_DE/about, abgerufen am 19.5.2021.

Tesla Inc. (2021), Elon Musk, in: https://www.tesla.com/de_DE/elon-musk, abgerufen am 19.5.2021.

U.S. Securities and Exchange Commission (2021), Annual report on Form 10-K 2020 Tesla Inc., in: https://www.sec.gov/Archives/edgar/data/1318605/ 000156459021004599/tsla-10k_20201231.htm, abgerufen am 19.5.2021.

BEI GRIN MACHT SICH IHR
WISSEN BEZAHLT

- Wir veröffentlichen Ihre Hausarbeit,
  Bachelor- und Masterarbeit

- Ihr eigenes eBook und Buch -
  weltweit in allen wichtigen Shops

- Verdienen Sie an jedem Verkauf

Jetzt bei www.GRIN.com hochladen
und kostenlos publizieren